D. Beretta – M. Goglio

LES ROSES

ÉDITIONS DE VECCHI S.A.
52, rue Montmartre
75002 PARIS

Nous remercions la Société italienne
de la Rose pour avoir collaboré à l'ouvrage.

Collection dirigée par A. Vavassori

Les photos des pages 17, 26 en haut, 27, 28, 29, 31, 32, 33, 37 en bas, 39 sont des auteurs

Dessins de M. Ameli

Traduction de Marie-Christine Bonnefond

Achevé d'imprimer en janvier 2003 à Milan, Italie,
sur les presses de Ingraf s.r.l.

Dépôt légal : janvier 2003
Numéro d'éditeur : 7980

TABLE
MATIÈRES

INTRODUCTION

Leur beauté, la multiplicité des rôles qu'on peut leur faire jouer et leur grande adaptabilité à de nombreux milieux, naturels ou artificiels, tels que les jardins, les parcs et les espaces verts, font de la rose la fleur par excellence. L'art floral des compositions de fleurs coupées ou l'art du jardin ont contribué et contribuent encore aujourd'hui à développer l'attrait exercé par cette fleur. Et elle mérite la place qui lui est réservée, parce que, sans rien perdre de sa beauté d'origine ni de son charme, elle a su se laisser manipuler et modeler tant par la nature, par le biais des mutations et des hybridations spontanées, que par les jardiniers et les botanistes ayant une âme d'artiste. Au cours de sa transformation naturaliste et botanique, la rose a vu son aspect, ses dimensions, la forme de ses fleurs et ses couleurs complètement modifiés, tout en restant fidèle, malgré cela, à la structure d'origine typique de ses fleurs simples.

Dans ce livre, nous vous proposons une classification correcte et simple afin de reconnaître et distinguer clairement les différentes sortes de roses les unes des autres. Par exemple, la *Rosa rugosa* (ou rosier rugueux) est classée parmi les roses botaniques ou roses anciennes, parmi les roses sauvages, ou spontanées, parmi les roses modernes ou les roses couvre-sol. Le monde des roses est vraiment vaste et s'y aventurer s'avère véritablement passionnant. Nous avons voulu rendre ce sujet le plus simple et le plus accessible possible, et tenté de vous donner une clé d'interprétation pour vous en permettre une lecture facile et agréable.

UNE FLEUR UNIVERSELLE

L'HOMME ET LA ROSE

Le lien qui unit la rose et les hommes est très étroit et très riche. Il s'est développé en même temps que la civilisation humaine. En effet, la rose, comme aucune autre fleur, a, depuis toujours, exercé une attirance irrésistible sur les hommes : au fil des siècles elle a été transformée et modelée de façon admirable grâce au travail patient et intelligent des hommes, parfois au point de la rendre, notamment récemment, presque méconnaissable. Déjà dans l'Antiquité, la culture des roses était au cœur de l'art des jardins. En Chine, la culture des roses est une tradition ancienne. Confucius décrit les roseraies du Palais impérial à Pékin. En Inde, on les connaissait et elles étaient élevées au rang de mythe au point que dans les textes hindous la déesse Lakshmi, déesse de l'amour et de la beauté, naît d'une rose. Dans les civilisations de la Mésopotamie et de la Méditerranée, la découverte de fresques et de fragments de céramique révéla que la plus ancienne civilisation d'Europe cultivait déjà des roses et d'autres fleurs vers 1800 avant J.-C.
Les Perses, dont on sait qu'ils adoraient les fleurs et les arbres, offraient une place de choix à la rose dans leurs jardins, au point que le mot perse pour désigner « rose » et « fleur » était le même. Les roses ornaient certainement les célèbres jardins suspendus de Babylone. La culture des roses dans l'Égypte antique ne pouvait pas man-

Depuis toujours, la rose a exercé une attirance irrésistible sur l'homme et l'on peut affirmer qu'il n'existe pas un jardin au monde qui ne possède un rosier

quer, puisque Cléopâtre dormait sur des coussins remplis de pétales de rose. Même la Grèce antique rendit un hommage triomphal à la rose : Sapho, poétesse grecque qui vécut vers 600 avant J.-C. appela la première la rose : « reine des fleurs ». Dans la mythologie grecque, la rose est consacrée à Aphrodite, déesse de l'amour, du lien matrimonial et de la fertilité. À Rome, au cours de la République, les couronnes célébrant les victoires militaires étaient entrelacées de roses. Les champs près de Rome étaient largement consacrés à la culture des roses, les fêtes et les banquets ne manquaient jamais de

pétales ni de guirlandes de roses. Au Moyen Âge, l'Angleterre connaissait certaines roses anciennes d'abord importées par les marchands romains puis par les moines, les marchands et les soldats revenant des croisades. Edward Ier et sa femme Éléonore de Castille étaient tous deux passionnés par les plantes, en particulier par les roses ; dans le jardin de la Tour de Londres poussaient alors des centaines de variétés de roses. Pour en prendre soin, Éléonore avait fait appel à deux experts venant de son Aragon natal. En France, au début du XIXe siècle, Joséphine de Beauharnais, épouse de Napoléon, aimait les roses au point de transformer son jardin à la Malmaison en une splendide roseraie. Le jardin de la Malmaison devint un lieu de rencontres et de référence pour les botanistes les plus illustres de l'époque, pour d'habiles jardiniers, et des artistes comme P.J. Redouté, dont les œuvres constituent aujourd'hui encore une contribution importante à la connaissance historique et botanique des roses anciennes. Le jardin de la Malmaison n'existe plus depuis longtemps ; mais il reste la superbe rose « Souvenir de la Malmaison » qui en conserve le souvenir intact.

HISTOIRE BOTANIQUE DE LA ROSE

La rose fit son apparition sur Terre il y a plus de 40 millions d'années ; la découverte de restes fossiles dans le Colorado et dans l'Oregon en atteste. On a retrouvé des roses fossiles, remontant à 20 millions d'années, dans le bassin de la mer Baltique ; elles sont conservées au Musée des Roses de l'Hay-les-Roses près de Paris. On en a retrouvé d'autres en Inde. La répartition géographique des formes spontanées se limite aux seules régions septentrionales ; elle suit en particulier la zone de régions tempérées qui s'étend de l'Extrême-Orient à la Russie, la Turquie, l'Europe, sans oublier l'Islande et l'Amérique septentrionale. Cependant, on ne possède pas de documents permettant d'établir les étapes de leur évolution. Pour avoir des données solides sur leur provenance et leurs caractères botaniques, il faut attendre le XVIᵉ siècle, lorsqu'apparurent les premiers herbiers. Un véritable travail de description et de

REDOUTÉ, LE RAPHAËL DES ROSES

Le peintre Pierre Joseph Redouté, né à la frontière de la France et de la Belgique au début du XIXᵉ siècle, est appelé par Joséphine de Beauharnais à la Malmaison, où il participe par son œuvre artistique au ferment culturel qui naît à cette époque dans les jardins de la Malmaison. P.J. Redouté reproduit avec un style qui lui est propre plus de cent roses, dans leurs moindres détails botaniques. Ses œuvres, en plus de posséder une véritable valeur artistique, constituent un précieux document botanique sur les rosiers anciens de cette époque. De par son style il mérita son surnom de « Raphaël des roses ».

classification a été accompli en 1753 par le célèbre botaniste Linné lors de la publication de son œuvre *Species Plantarum*. Les œuvres artistiques de Redouté (au début du XIXᵉ siècle), grâce à la description détaillée des rosiers que l'on cultivait alors, constituent également une contribution remarquable à la reconstitution de leur évolution. Pourtant, ces sources ne suffi-

sent pas pour établir avec certitude l'évolution historique des rosiers anciens. C'est un aspect de leur histoire qui demeure flou. En Italie, la culture de la rose a commencé il y a environ 70 ans, en même temps que la culture de l'œillet.
Les pays producteurs les plus importants sont : la France, l'Espagne, les Pays-Bas et Israël.

Planter des rosiers dans son jardin, c'est recréer un coin de la nature

COMMENT RECONNAÎTRE ET CHOISIR UNE ROSE

Le monde des roses est devenu au fil du temps un monde de plus en plus peuplé : on en compte aujourd'hui plus de vingt mille variétés ! C'est la raison pour laquelle un critère de classification est nécessaire, même s'il n'est pas toujours strictement scientifique. Une classification, utile pour nous guider dans le choix d'un rosier, peut se baser sur son origine historique, ou sur sa fonction : tapissant, grimpant, en pot, arbuste… Nous les classons donc dans trois grands groupes : les roses botaniques, les roses anciennes et les roses modernes.

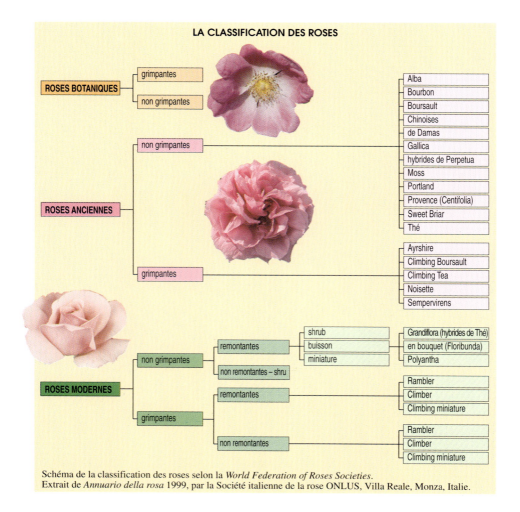

LA CLASSIFICATION DES ROSES

ROSES BOTANIQUES
- grimpantes
- non grimpantes

ROSES ANCIENNES
- non grimpantes
  - Alba
  - Bourbon
  - Boursault
  - Chinoises
  - de Damas
  - Gallica
  - hybrides de Perpetua
  - Moss
  - Portland
  - Provence (Centifolia)
  - Sweet Briar
  - Thé
- grimpantes
  - Ayrshire
  - Climbing Boursault
  - Climbing Tea
  - Noisette
  - Sempervirens

ROSES MODERNES
- non grimpantes
  - remontantes
    - shrub
    - buisson
      - Grandiflora (hybrides de Thé)
      - en bouquet (Floribunda)
      - Polyantha
    - miniature
  - non remontantes – shru
- grimpantes
  - remontantes
    - Rambler
    - Climber
    - Climbing miniature
  - non remontantes
    - Rambler
    - Climber
    - Climbing miniature

Schéma de la classification des roses selon la *World Federation of Roses Societies*.
Extrait de *Annuario della rosa* 1999, par la Société italienne de la rose ONLUS, Villa Reale, Monza, Italie.

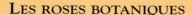

Les roses botaniques

Le groupe des roses botaniques constitue le noyau primitif d'où viennent les innombrables variétés de roses modernes. Au cours des millénaires elles sont parvenues jusqu'à nous en conservant leurs caractères d'origine. Ce sont des arbustes rustiques, au feuillage fourni, aux fleurs simples à 5 pétales, ou semi-doubles ; elles sont généralement très parfumées ; les baies qui demeurent sur la plante plusieurs mois après la floraison sont un autre caractère décoratif important. Elles se présentent sous la forme d'arbustes tapissants ou grimpants. On estime qu'il en existe, à l'état sauvage, environ 150 sortes, tandis que les variétés cultivées vendues aujourd'hui dans le commerce sont essentiellement des hybrides, qui conservent de façon très évidente leurs caractères d'origine.

Rosa gallica

La *Rosa gallica* a contribué aux hybridations qui ont permis de créer les roses modernes ; la *Rosa gallica* aux fleurs rouge vif a apporté à ses hybrides une vaste gamme de couleurs. Elle ne fleurit qu'une fois et produit de nombreux drageons. Les variétés cultivées sont issues essentiellement de roses du XIXᵉ siècle. Parmi celles-ci retenons : la *Rosa complicata*, la *Rosa officinalis*, la *Rosa splendens*, la *Belle Isis*, la *Versicolor* ; on connaît cette dernière aussi sous le nom de *Rosa mundi*, dont les fleurs cramoisies sont striées de blanc.

Deux exemplaires de *Rosa gallica*

Rose de Damas

La rose de Damas est une rose historique par sa contribution à l'évolution des roses modernes : roses de Portland et roses Bourbon. Ses fleurs en forme de coupe d'un rose pâle, même si elles sont très parfumées, ne fleurissent que pendant une seule et courte période. Certaines des variétés cultivées sont : la rose de Damas *versicolor*, que l'on connaît aussi sous le nom de rose de Lancaster et York, du nom des maisons anglaises qui, au XVᵉ siècle, se sont affrontées au cours d'une guerre féroce que l'on a justement appelée « la guerre des deux roses ». Les deux maisons possédaient dans leurs armoiries la rose, l'une blanche, l'autre rouge : cette rose, teintée de rouge et de blanc, est là pour rappeler la paix signée entre les deux maisons.

ROSE CENT-FEUILLES

La rose Cent-feuilles a des origines très anciennes ; peu appréciée dans les jardins, on la cultive aujourd'hui surtout pour en extraire l'essence, en raison de son parfum très apprécié. Elle forme un grand arbuste qui porte des branches désordonnées, aux grandes fleurs et aux nombreuses épines. Ses fleurs sont rose pâle et sa floraison ne dure guère. On la connaît aussi sous le nom de rose de Provence ou de Hollande. Les variétés cultivées sont : la *Rosa parviflora* ou rose de Bourgogne, la Tour de Malakoff, la Peine des Cent-feuilles, l'Unique Blanche.

PARFUM DE ROSE

Un poète persan nous parle ainsi de la rose : « J'avais à l'esprit que lorsque j'atteindrai l'Arbre de la Rose j'en emplirai mon giron pour en faire cadeau à mes amis.
Mais lorsque j'atteignis l'arbre, le parfum des roses m'enivra au point que les roses qui emplissaient mon vêtement m'échappèrent ».
Près de Grasse, en terre de Provence, l'atmosphère au mois de mai, lorsque les champs de roses Cent-feuilles répandent dans l'air leur parfum intense, n'est pas très différente de ce qu'a vécu le poète persan en des temps éloignés de nous.
Sur cette terre de fleurs, de parfums et d'artistes, une vieille famille perpétue l'antique tradition de la culture des roses pour l'extraction des essences parfumées.
La *Rosa centifolia* est une rose ancienne avec une fleur aux très nombreux pétales (d'où son nom) et une floraison extrêmement abondante : une seule branche peut porter en pleine floraison plus de 400 fleurs. On l'appelle la rose de mai parce qu'on la cueille au mois de mai et qu'elle offre la typique « note de cœur » du célèbre parfum de Chanel : le « n° 19 ».

ROSA RUGOSA OU ROSE RUGUEUSE

L'aspect très particulier de la *Rosa rugosa* nous dévoile son origine orientale. Très répandue en Chine depuis l'Antiquité, on l'appelle « ramans » au Japon.

Arbuste particulièrement robuste et vigoureux, elle aime les climats frais et ne craint pas le froid, même intense. Dans les pays du nord de l'Europe elle est très souvent présente dans les jardins, utilisée surtout pour former des haies impénétrables autour des maisons. Elle est aussi très répandue comme paysage urbain dans les villes. Elle est, en effet, devenue l'un des éléments typiques du paysage nordique. Dans les jardins l'effet décoratif est assuré par un feuillage vert brillant sur lequel se détachent des fleurs simples, roses, lilas ou blanches ; après la floraison, elles laissent des fruits rouge orange très charnus qui demeurent tout l'hiver et qui en font un élément décoratif pendant cette saison. On l'emploie aussi très souvent comme porte-greffe.

AUTRES GROUPES DE ROSES BOTANIQUES

Rosa banksiae

Rosa moschata

Rosa multiflora

Rose Noisette

Rosa rubrifolia

Rosa rubiginosa

Rosa pimpinellifolia

Rosa moyesii

Rosa foetida

Rosa californica

Rosa canina (photo ci-contre)

Rosa pensulina

LES ROSES ANCIENNES

Les rosiers appartenant au groupe des roses anciennes sont très nombreux. La classification comme « rosiers anciens » se base sur leur origine et non pas sur leurs caractéristiques botaniques, étant donné que dans ce domaine ce groupe est quelque peu hétérogène. Certaines étaient connues et cultivées depuis l'Antiquité ; d'autres sont plus récentes et ont été obtenues grâce au travail des spécialistes de l'hybridation du XIXe siècle et des premières décennies du XXe siècle. Certains rosiers anciens ont disparu, d'autres sont extrêmement difficiles à trouver, d'autres encore, grâce à leurs fleurs romantiques et raffinées, grâce à leur beauté classique, ornent de nouveau les jardins. Appartiennent au groupe des roses anciennes de nombreuses variétés ; certaines d'entre elles ont déjà été décrites dans le chapitre consacré aux roses botaniques : *Rosa gallica*, *Rosa alba*, rose de Damas, rose Bourbon, rose Cent-feuilles, *Rosa rugosa*, *Rosa moschata*, hybride de *rubiginosa*, rose de Portland, *Rosa muscosa*, *Rosa polyantha*, rose Noisette, *Rosa perpetua*, rose Thé, *Rosa pimpinellifolia*, *Rosa laevigata*, *Rosa banksiae*, *Rosa bracteata*, roses chinoises.

Rosa moschata, rose ancienne très difficile à trouver, est caractérisée par la forme très particulière de ses fleurs

CÉCILE BRUNNER®

Connue aussi sous le nom de Sweetheart® ou Mignon®, c'est une variété de *polyantha*. Il s'agit d'une rose tendre et généreuse, aux fleurs petites, rose pâle, à la corolle semblable à la forme des roses modernes, aux feuilles pointues vert sombre.

C'est un arbuste à port nain, aux tiges souples et peu épineuses, au parfum suave, et idéal pour fleurir un petit coin dans le jardin.

SOUVENIR DE LA MALMAISON®

Souvenir de la Malmaison® est la plus connue parmi les roses Bourbon ; elle est née en 1843 et consacrée par son créateur au jardin qui, dans les premières années du XIXᵉ siècle, constitua le centre culturel le plus célèbre d'Europe pour l'étude et la culture des roses jusqu'alors inconnues. Ses fleurs, rose tendre, s'ouvrent en calice puis s'étalent pour atteindre 13 cm de diamètre ; la floraison se poursuit sans interruption de juin jusqu'au début de l'hiver. Son parfum rappelle le parfum des roses Thé. Elle existe sous forme de buisson ou d'arbuste grimpant.

FANTIN LATOUR®

Fantin Latour®, c'est la fastueuse rose Cent-feuilles, née au début du XXᵉ siècle et consacrée par son créateur à l'artiste français qui peignit de nombreuses roses dans ses œuvres. Elle a reçu à plusieurs reprises des distinctions officielles. Sa floraison abondante a lieu l'été, ses fleurs ont de nombreux pétales en forme de calice, de couleur rose tendre qui s'intensifie vers le centre. Son port arbustif peut atteindre 2 m de haut. Elle exige un espace la tenant un peu à l'écart d'autres rosiers.

CHAPEAU DE NAPOLÉON®

C'est la rose Cent-feuilles aux pétales crêpelés. Elle fait référence à l'une de ses particularités un peu curieuses : les sépales présentent une formation frisée qui recouvre les boutons ; le tout rappelle un tricorne, d'où le nom de Chapeau de Napoléon®. C'est un grand arbuste qui fleurit l'été et dégage un parfum intense. Ses fleurs d'un rose pur sont portées par des branches légèrement tombantes. On l'a retrouvé en Suisse dans le jardin d'un ancien couvent. On la trouve facilement dans les catalogues des pépiniéristes spécialisés.

Chapeau de Napoléon

MAIDEN'S BLUSH®

Maiden's Blush® est une très belle *Rosa alba*, très ancienne. Ses fleurs teintées de rose, semi-doubles, au parfum suave et pur, s'ouvrent en plein été dans un feuillage vert-gris, sur des branches robustes et retombantes. On la considère comme l'une des plus belles roses de jardin, toujours très appréciée et demandée par de nombreux passionnés. Son charme mystérieux en fait une rose incomparable.

MADAME HARDY®

Madame Hardy® est une rose de Damas, célèbre pour ses splendides fleurs blanc pur. Elle naquit en 1832 dans le jardin de la Malmaison et est considérée, parmi les roses anciennes, comme la plus belle rose blanche. Ses boutons ont un léger parfum de citron. Ses fleurs ont de nombreux pétales en forme de calice qui s'ouvrent en s'étalant. Cet arbuste, qui atteint presque 2 m de haut, préfère les endroits pas trop ensoleillés.

TUSCANY SUPERB®

Tuscany Superb® est une superbe *Rosa gallica*. Créée en 1848 à partir de la précédente, Tuscany®, déjà connue et cultivée au Moyen Âge, elle est enrichie en nombre de pétales et dans le vert des feuilles. De ses fleurs semi-doubles, cramoisi foncé, très grandes, émane un léger parfum. Elle fleurit en juin et conserve ses fruits sur les branches. Son côté voyant (toutes les roses rouges le sont un peu !) en fait un rosier bien adapté à un coin du jardin qui en atténuera un peu l'effet.

ROSA CHINENSIS MUTABILIS®

Rosa chinensis mutabilis® est une rose très ancienne qui appartient au groupe important des roses chinoises, arrivées jusqu'en Occident, et qui a conféré aux rosiers anciens cultivés jusqu'alors en Occident des caractéristiques totalement nouvelles. Sa floraison (plusieurs dans l'année), sa couleur jaune, une certaine légèreté de ses feuilles et de son allure en général sont des caractères botaniques qui ont révolutionné le monde des roses et ont ouvert la voie au succès des roses modernes. Son nom même fait allusion aux caractères de mutabilité qui lui donnent son originalité et son attrait particulier. La couleur de ses fleurs varie de l'orange lorsqu'elles sont en bouton en passant par le rouge des pétales à peine ouverts, au rose clair et enfin au cramoisi intense à la fin de la floraison. L'effet est surprenant lorsque toutes ces couleurs se trouvent sur la plante en même temps. Ce rosier peut avoir la taille d'un arbuste ou atteindre, dans un endroit abrité, 6 m de haut.

LES ROSES MODERNES

Les rosiers *grandiflora* sont des rosiers au port arbustif pouvant atteindre plusieurs mètres de haut et souvent utilisés pour orner les pergolas ou les grilles

ROSIERS À GRANDES FLEURS (HYBRIDES DE THÉ)

Les hybrides de Thé, que l'on définit aujourd'hui dans les catalogues des pépiniéristes comme rosiers à grandes fleurs, sont les roses que nous voyons resplendir partout de façon incontestée. Avec la création en 1867 de la rose La France commence pour ce groupe de roses un parcours triomphal jusqu'à nos jours. La France fut reconnue comme une rose novatrice, ayant des caractéristiques esthétiques et botaniques jamais vues jusqu'alors. Une robustesse remarquable de la plante, une deuxième floraison abondante et régulière, une fleur grande et des rameaux longs et droits, la beauté du bouton, la forme vraiment nouvelle de la corolle au centre surélevé sont les caractéristiques qui ont apporté aux hybrides de Thé un succès mondial, tant en ce qui concerne leur culture dans les jardins que comme fleurs coupées. La caractéristique typique du centre de la fleur en relief par rapport aux pétales qui l'entourent permet de reconnaître facilement les roses Thé parmi toutes les autres roses, même pour le citadin néophyte.

Le port en buisson convient parfaitement pour former des parterres dans le jardin. La floraison s'étend de l'été jusqu'à la fin de l'automne. La gamme des couleurs est très vaste ; certaines sont parfumées, d'autres conviennent mieux en fleurs coupées.

LES ROSES THÉ

Ces roses, d'origine orientale, sont arrivées en Occident grâce aux vaisseaux qui transportaient du thé, ce qui explique probablement leur nom. Les premières roses Thé européennes, obtenues par des croisements entre des roses Thé Yellow China et des roses Blush Chine, ont permis en 1900 la création des hybrides de Thé.

La première rose Thé, de couleur safran, jaune, naît en 1939. Ce rosier sarmenteux produit des fleurs élégantes, aux couleurs toujours très claires, émanant un délicieux parfum de thé.

La floraison est continue, le centre de la fleur est en relief par rapport aux pétales qui l'entourent. On privilégie cette caractéristique dans les hybrides de Thé modernes.

AUGUSTA LUISÉ®

C'est une nouveauté 1999. Cette splendide rose rappelle par la forme de ses fleurs, par sa couleur et son parfum intense, les roses anglaises. Ses fleurs en forme de coupe, vraiment très grandes, s'ouvrent en découvrant dans toute sa splendeur une couleur dont les nuances vont du jaune pêche, à l'intérieur, jusqu'à un rose porcelaine légèrement strié de blanc crème. La végétation est saine, vigoureuse et brillante. Très résistante aux maladies, elle refleurit jusqu'aux gels. Son parfum est intense.

ROSES ANGLAISES : SYNTHÈSE ROMANTIQUE ENTRE LES ROSES ANCIENNES ET LES ROSES MODERNES

Monsieur David Austin est le génial spécialiste de l'hybridation qui, dans la verte campagne anglaise près de Albrighton, travailla depuis 1961 sur la création d'une nouvelle variété de roses, qu'il appellera « roses anglaises » en procédant au croisement de roses anciennes et de roses modernes. Les résultats sont superbes : avec ces roses le temps passé et le temps présent se conjuguent. En plus du charme romantique et séduisant, du parfum des roses anciennes, les roses anglaises ont des caractères plus modernes, tels qu'une deuxième floraison, une floraison généreuse, un port arbustif. La première rose à être présentée fut Constance Spray®, un rosier grimpant non remontant. Mais Austin donnera bientôt ce caractère à tous les autres rosiers qu'il créera les années suivantes. Leur port arbustif soigné et de dimensions réduites en fait des rosiers convenant bien aux petits jardins ou destinés à être cultivés en pots sur une terrasse ou un balcon.

Graham Thomas

ÉTOILE POLAIRE

C'est un nouveau hybride de Thé de couleur blanc pur et au parfum léger et délicat. Ce rosier est à l'heure actuelle extrêmement prisé du fait de sa floraison luxuriante. C'est un arbuste de taille moyenne, et qui résiste particulièrement bien au froid.

MANORA®

Sa fleur est originale, large, pleine et bien formée. Sa couleur rouge cramoisi avec des nuances cuivrées est insolite, elle s'ouvre lentement dégageant un doux parfum. Résistante aux maladies, elle convient bien comme rose de jardin.

SUMMERGOLD®

C'est une rose au parfum très intense et ses boutons élégants, jaune vif en font une rose très séduisante. De floraison précoce, comportant une succession rapide de boutons, c'est un arbuste de hauteur moyenne, très résistant aux maladies.

GRAND CHÂTEAU®

Le bouton presque noir s'ouvre devenant une grande fleur de couleur rouge sombre velouté. Le feuillage vert sombre est abondant et les bourgeons sont rougeâtres. Le parfum est intense, la floraison continue et régulière se poursuit jusqu'à l'hiver ; les fleurs sont parfaites en fleurs coupées. L'arbuste, de hauteur moyenne, est très résistant aux maladies.

MICHÈLE TORR®

Michèle Torr® est un splendide hybride de rose Thé. Sur une végétation vigoureuse se détachent de grandes fleurs d'un blanc pur, qui le reste même lorsqu'il pleut. La floraison est abondante et le parfum doux et délicat.

CHARTREUSE®

Chartreuse® est une très belle rose aux grandes fleurs jaunes ourlées de rose. Arbuste de hauteur moyenne, sa floraison est abondante et régulière. Elle résiste très bien aux maladies.

PAPA MEILLAND®

C'est l'une des plus belles roses rouges née en France en 1963, dédiée au fondateur de l'une des entreprises les plus importantes dans la création et la diffusion des roses. Sa fleur est de taille moyenne, dans une nuance particulière de rouge sombre, aux pétales charnus et veloutés. Le feuillage est de couleur vert brillant. Ce buisson de taille moyenne réclame des soins car la plante manque de vigueur.

Michèle Torr

Papa Meilland

ROSIERS SARMENTEUX (OU GRIMPANTS)

Le port des rosiers sarmenteux, aux tiges longues et souples, nombreuses et vigoureuses, en fait des rosiers parfaitement adaptés pour couvrir une pergola, ombrager une allée ou constituer une treille, ou pour recouvrir des murs. Il est conseillé, pour bien choisir son rosier, de bien évaluer d'une part l'espace que l'on veut occuper et d'autre part l'envergure que la plante va développer en grandissant. En effet, il existe principalement deux types de rosiers sarmenteux qui requièrent une installation spécifique : les Climber®, que l'on trouve dans les catalogues des pépiniéristes sous le nom de rosiers grimpants modernes à fleurs en bouquet ou à grandes fleurs et les Rambler®.

Les Climber® ont des rameaux rigides portant peu de feuilles, les fleurs naissent sur des tiges latérales qui se développent après la taille, la floraison est toujours abondante. Leur aspect est peu ordonné, pas très élégant. Ils conviennent pour recouvrir des murets ou des grilles.

Les Rambler® sont plus élégants, leurs rameaux souples et nombreux naissent à la base du rosier. Ils sont parfaits si l'on veut créer des pergolas de formes diverses, si l'on souhaite les voir retomber sur des murets ou recouvrir des sols en pente, ou encore les faire s'enrouler autour d'un tronc d'arbre et, puisqu'ils sont très tapissants, chaque fois que l'on souhaite embellir son environnement.

Les rosiers sarmenteux sont caractérisés par un port très naturel et une floraison abondante

Plante sarmenteuse de *Rosa polyantha*

Les rosiers sarmenteux à floraison verticale sont parfaitement adaptés pour recouvrir un mur

Ces fenêtres sont embellies par ces élégantes roses sarmenteuses

SHOGUM®

C'est une nouveauté 1999. Une nouvelle sorte de rosier grimpant refleurissant tout au long de l'année jusqu'au gel. Les fleurs sont roses avec des nuances crème à l'intérieur, son parfum est intense. La végétation est robuste et abondante. Il peut atteindre 2,5 m. Excellente résistance aux maladies.

ROUGE ET OR®

La belle Rouge et or® en arbuste retiendra l'attention des amateurs les plus exigeants sous la forme de buisson grimpant. La fleur est jaune ourlée de rouge, la floraison est régulière et généreuse, avec un léger parfum. Le feuillage vert est abondant. Ce rosier peut atteindre 2,5 m de haut.

SISSI®

C'est une variante grimpante de la célèbre variété Sissi® à port arbustif. C'est l'un des premiers rosiers hybrides de roses Thé de couleur mauve. Cette variante grimpante, tout aussi parfumée que la variété à port arbustif, a, comme nouveau caractère, une nuance pastel incomparable. Elle peut mesurer jusqu'à 3 ou 4 m.

VALZER DES NEIGES®

Très beau rosier aux grandes fleurs d'un blanc neigeux, très élégantes, qui offrent au milieu du beau feuillage vert un effet enchanteur. Il peut mesurer jusqu'à 3 m de haut.

Mermaid®

Mermaid® est une rose obtenue dans les premières années du XXe siècle en Angleterre, à partir du
croisement entre la *Rosa bracteata*® et une rose
Thé jaune. Sa fleur est blanche teintée de jaune, les
étamines couleur or. Les cinq pétales forment une
corolle plate ; le parfum en est délicat et les fleurs
sont réunies en bouquets. Cet arbuste a besoin de
beaucoup d'espace. Ses branches sont longues et
flexibles, il est préférable de ne pas les tailler.

ROSIERS BUISSONS
(ROSIERS *FLORIBUNDA*)

Dans le groupe des rosiers *floribunda*, que l'on trouve aujourd'hui dans les catalogues sous la dénomination de rosiers buissons à fleurs en bouquets, on trouve un choix de rosiers très hétérogènes par leur origine. Cependant, ils ont en commun certains caractères botaniques : leur port arbustif, les fleurs réunies en bouquets plus ou moins grandes et une floraison abondante et longue. Les rosiers *floribunda* sont des arbustes très vigoureux, robustes et résistants dont la culture ne présente pas de difficultés particulières. Leur présence dans un jardin produit toujours un bel effet décoratif et coloré.

LA PALOMA®

La Paloma® est un magnifique rosier *floribunda*, aux belles fleurs pleines, d'un blanc pur, au feuillage vert clair. Son port est arbustif. Cette rose blanche résiste particulièrement bien aux maladies et ne demande pas de soins particuliers. Elle est parfaitement adaptée pour embellir un coin de jardin.

Les rosiers *floribunda* ont un port arbustif et présentent une abondante floraison colorée rappelant les hybrides de Thé

BALLADE®

Ballade® est un rosier *floribunda* parfait pour les parterres. Ses fleurs roses de taille moyenne et de forme aplatie ressemblent à des roses anciennes. Sa floraison est foisonnante et dure longtemps. Le feuillage est vert clair. Ce rosier forme un arbuste compact d'environ 70 cm de haut. Il est extrêmement résistant aux maladies.

MONTANA®

On le surnomme « the best » parmi les rosiers *floribunda*. Ses fleurs sont grandes et pleines, d'un beau rouge brillant qui ne ternit jamais. Elles résistent à des températures extrêmes. L'abondant feuillage est vert clair. Il fleurit sans discontinuer et, en grandissant, le buisson reste soigné et compact.

GOLDEN JET®

Rosier aux fleurs larges et plates, d'un très beau jaune qui jamais ne ternit, pas même sous la lumière du soleil le plus cru. C'est un rosier très robuste et vigoureux s'adaptant parfaitement à toutes sortes d'utilisations.

ROMANCE®

Romance® possède des fleurs extraordinaires, grandes et lumineuses, rose fuschia, dont la corolle ressemble à celle des hybrides de Thé. La plante a une floraison abondante et régulière. Son feuillage résiste parfaitement au froid. Ce rosier peut atteindre 1,20 m de haut.

QUEEN ELIZABETH®

Queen Elizabeth® est la première, et très populaire, *Rosa grandiflora* que l'on ait obtenu aux États-Unis en 1955. C'est une variété extrêmement vigoureuse, idéale pour créer une haie ou une bordure. Les fleurs sont rose clair, légèrement parfumées, leur corolle est bien fournie en pétales. Leur feuillage, d'un beau vert sombre, est touffu. Les fleurs coupées durent longtemps ; d'ailleurs on les utilise pour faire des compositions florales.

Queen Elizabeth

ROSIERS ARBUSTES

Les rosiers arbustes modernes sont des rosiers qui ont un port arbustif et des caractéristiques botaniques modernes telles qu'une deuxième floraison (on dit qu'ils sont remontants) et une bonne résistance aux maladies. En anglais, on les appelle « shrub roses ». Les rameaux poussent à partir de la base, conférant un port érigé. C'est un rosier de taille moyenne : il peut atteindre 2 m de haut. On les utilise, dans le jardin, de la même façon que les lilas ou les viornes. Ils ne sont guère adaptés pour créer des parterres, mais sont parfaits lorsqu'il s'agit de former des haies ou comme arbustes isolés. Ce sont toujours des plantes très robustes et vigoureuses, dont la floraison abondante dure longtemps.

Taillés de façon à former un gros volume ovalo-sphérique, les rosiers arbustes produisent de nombreux rameaux poussant à partir de la base

CURIOSITÉ

La rose fait travailler au moins quatre sens : l'odorat, le goût, la vue et le toucher. Une rose peut avoir un parfum de miel, de musc, de citron, d'abricot, de thé, de framboise. On utilise son goût pour aromatiser les confitures, les sirops, les crèmes. Sa couleur, nous l'avons déjà dit, passe par toutes les nuances de blanc, de jaune, de rose, de rouge, d'orange, de mauve, de vert. Au toucher, les pétales sont veloutés, rugueux ou lisses.

NEVADA®

Nevada® est un rosier arbustif très populaire. Il a été obtenu en 1927 par l'Espagnol Pedro Dot. Ses fleurs ont une corolle semi-double blanc crème, qui se nuance de rose lorsqu'il fait chaud. Les étamines jaune or sont très visibles lorsque les fleurs sont ouvertes. La première floraison, abondante, est suivie d'autres floraisons, moins abondantes, mais toujours très belles, jusqu'à l'arrivée des premiers froids. Il existe une mutation de la Nevada® à fleurs roses appelée Marguerite Hilling®.

Nevada

FRUHLINGSGOLD®

Cet arbuste obtenu en 1957 par le créateur Kordes fleurit très abondamment. Ses fleurs simples, jaune or brillant, ont une corolle largement ouverte mesurant jusqu'à 10 cm de diamètre. Elles se décolorent peu à peu jusqu'à devenir blanc crème et laissent apercevoir en leur cœur leurs étamines jaunes. Il fleurit au printemps et au début de l'été. Ce rosier peut dépasser 2 m de haut. Il existe sous deux formes mutantes, l'une avec des fleurs roses, l'autre avec des fleurs crème.

ROKOKO®

Rokoko® est un excellent arbuste, séduisant grâce à ses grandes fleurs de couleur jaune or tirant sur le bronze, très particulière. Elles sont légèrement parfumées. Cet arbuste, dont le feuillage est dense, atteint 1,50 m de hauteur. Il résiste très bien au froid.

BALLERINE®

Ballerine® est issue d'un rosier hybride de *Rosa moschata*, obtenu par le spécialiste de l'hybridation Bentali. Sa floraison est très légère avec une incroyable masse de petites roses au cœur blanc. Une deuxième floraison n'est pas toujours assurée. Une autre particularité intéressante de la Ballerine® est ses petites baies gracieuses qui demeurent sur les branches après la floraison et se détachent sur le feuillage, lui donnant un caractère particulièrement décoratif.

SCARLET FIRE®

Cet arbuste moderne est aussi connu sous le nom de « Scharlachglut® ». C'est une *Rosa gallica* moderne, obtenue par Kordes en 1952. Ses fleurs sont simples, écarlate vif au cœur composé d'étamines dorées. La floraison est abondante sur des rameaux pleureurs : l'effet est tout à fait suggestif. Après la floraison unique, des baies allongées, à la forme particulière, demeurent et ornent la plante pendant tout l'hiver. Cet arbuste peut atteindre plus de 2 m.

ROSIERS RAMPANTS
ET COUVRE-SOL

Font partie des rosiers rampants et couvre-sol les rosiers à port arbustif que l'on utilise pour former un « tapis » sur une partie du sol d'un jardin ou sur les parterres du mobilier végétal urbain. Les arbustes rampants ou tapissants forment une famille dont les membres ont tous des origines différentes. Ils peuvent faire partie des rosiers botaniques (*Rosa rugosa*) ou encore du groupe des *floribunda*. Le port arbustif peut dans ce groupe donner deux types particuliers d'arbustes. Un premier a un port droit et compact, ce sont des buissons feuillus que l'on utilise pour recouvrir les sols de manière uniforme, ils demandent peu d'espace. Le deuxième type d'arbuste porte des branches qui se développent à partir de la base puis s'éloignent du tronc, s'étalant sur plusieurs mètres sur le sol. Ils conviennent tout particulièrement pour former des cascades de fleurs sur des murets ou dans des talus.

Quant aux rosiers couvre-sol, ils possèdent des feuilles petites et brillantes, des branches flexibles, ils ont une floraison continue et abondante, la gamme de leurs coloris est très vaste, ils résistent très bien aux maladies, ce dernier point étant particulièrement important de par le peu de soins qu'ils réclament.

Les roses couvre-sol sont très appréciées pour leur feuillage vert brillant et leurs très belles fleurs

CELINA®

Celina® est un rosier arbuste à fleurs semi-doubles, jaune doux tirant sur le blanc lorsque la fleur est complètement ouverte. Il est légèrement parfumé et ses feuilles sont vert clair. Sa floraison est abondante et continue de mai jusqu'à l'arrivée de l'hiver. Ce buisson ne dépasse pas 50 cm de hauteur. Il possède une excellente résistance aux maladies et aux intempéries, et convient très bien aux espaces verts urbains.

Celina

ROSA RUGOSA

Les variétés de *Rosa rugosa* que l'on utilise comme couvre-sol se distinguent par leurs grandes fleurs parfumées. Leur floraison s'étale de juin à octobre. Après avoir fleuri, la plante se couvre de grosses baies rouge orangé qui en prolongent l'effet décoratif. Le feuillage est touffu et robuste. Cet arbuste est de taille moyenne.

SNOW BALLET®

Snow Ballet® est un rosier rampant et remontant qui trouve sa meilleure utilisation dans les talus ou dans les terrains rocailleux et pierreux ; on peut l'utiliser de nombreuses façons dans un jardin. Ses fleurs sont d'un blanc pur ; il a des feuilles petites et brillantes. Il peut mesurer jusqu'à 40 cm de hauteur et s'étale sur plus de 2 m.

ROSE D'ANNECY®

Rose d'Annecy® est un couvre-sol très récent à la floraison précoce, abondante et continue. Ses fleurs, très belles, rose pur, sont en forme de coupe, et portent en leur cœur des étamines dorées très visibles. Il est très vigoureux, possède un feuillage abondant et fleurit de façon continue. Il résiste bien aux maladies.

ÎLE DE FRANCE®

Excellent couvre-sol portant des fleurs rouge sang foncé, caractérisé par des boutons sphériques qui s'ouvrent en roses bombées. Ses fleurs sont doubles et très nombreuses. On peut utiliser ce rosier couvre-sol de très nombreuses façons : dans les jardins, les rocailles, les talus fleuris et les grands espaces. Il convient particulièrement bien pour former des buissons, des bordures, ou même planté dans des pots. Il est résistant à l'oïdium.

TANICULE®

Chez cette variété qui pousse en formant d'amples buissons, ce sont surtout ses fleurs jaune soleil qui attirent le regard. La nuance de ce jaune est très vif et est facile à harmoniser avec d'autres couleurs. C'est un arbuste très robuste, s'adaptant bien aux endroits les plus variés, allant du jardin de la maison aux espaces verts de la ville. Sa floraison est abondante et dure jusqu'aux premiers froids.

ASPIRIN®

Ce rosier a été dédié à l'aspirine à l'occasion du centenaire de sa découverte. C'est une très belle variété, élégante et raffinée, aux fleurs blanches. Sa croissance est compacte et étalée et dès la deuxième année, elle se transforme en une magnifique plante pouvant atteindre 80 cm. Elle est parfaite en buisson couvre-sol, aussi bien pour former des parterres dans un jardin que dans de grands bacs sur une terrasse. Elle refleurit jusqu'aux premiers froids.

D'AUTRES ROSIERS
« COUVRE-SOL »

Lovely Fairy® (au centre),
Heidetraum®, Schneeflocke®
(à droite), Schöne Dortmunderin®,
Fairy Queen®, Camargue®,
Reine des neiges®, Les Fairy®,
Swanny®, Sea foam®,
White Bells®, Pink Bells®,
Red Bells®, The Faun®,
Little White Pet®,
Bingo Meillandercor®,
Rosy Carpet®, Alcantara (en bas).

ROSIERS MINIATURES

Les créateurs du XIXe siècle avaient déjà tenté à l'époque d'obtenir des rosiers miniatures. Ces derniers ne reçurent d'abord pas un accueil très chaleureux de la part des amateurs de roses. On redécouvrit les rosiers miniatures et leurs possibilités vers les années 1930 essentiellement grâce à trois grands hybridateurs : Jan de Vink aux Pays-Bas, Pedro Dot en Espagne et R.S. Moore aux États-Unis qui présentèrent plus de 60 créations. Ce travail continue encore aujourd'hui. En Europe, et en particulier en France, le marché des rosiers miniatures est aujourd'hui dominé par la maison Meilland d'Antibes, avec la célèbre série des Meillandines. Les plantes miniaturisées sont des arbustes de petite taille atteignant de 30 à 45 cm aussi bien en hauteur qu'en largeur. Les tiges sont minces, les feuilles petites. La corolle mesure de 2 à 5 cm de diamètre. Les rosiers miniatures s'insèrent très bien dans des jardins de petites dimensions, ou dans des espaces très réduits. Il y a des variétés sarmenteuses, comme par exemple une variété particulière appelée *Rampichella*, obtenue par le créateur/spécialiste de l'hybridation italien Nino Sanremo, à fleurs blanches, roses ou rouges. On peut la cultiver dans des pots de bonnes dimensions.

Les rosiers miniatures, très utilisés pour couvrir les bordures et les plates-bandes des parcs et des jardins, ont une floraison exubérante

LAVENDER JEWEL®

Lavender Jewel® est une variété de rosier miniature né en 1978 aux États-Unis. Il est très connu et cultivé pour ses fleurs comportant de nombreux pétales roses tirant sur le lavande, ses boutons s'ouvrent lentement et demeurent longtemps sur la plante, pour donner une abondante floraison.

COLIBRI®

On trouve Colibri® dans le commerce sous le nom de Meidanover®. Ses fleurs doubles jaune orangé sont réunies en bouquets qui s'épanouissent au milieu de petites feuilles vert brillant. La plante forme un buisson d'environ 25 cm de hauteur.

STARINA®

Connue aussi sous le nom de Meigabi®, c'est l'une des meilleures roses miniatures. Ses fleurs doubles, bien fournies en pétales orange vif, éclosent abondamment du début de l'été et perdurent jusqu'aux premiers froids. Ce buisson aux petites feuilles vertes brillantes est robuste et vigoureux. On le cultive aussi sous forme d'arbuste.

BABY MASQUERADE®

Baby Masquerade® est un très beau rosier, très apprécié pour son port buissonnant, feuillu et robuste. Ses fleurs sont superbes, doubles, du type *floribunda*, leur couleur vire du jaune au rose et rouge. Il fleurit au début de l'été et dure tout l'été. Bien que ce soit un rosier miniature, il atteint 30 à 40 cm. Facile à cultiver, on peut l'insérer au milieu d'autres miniatures pour leur donner du relief.

BABY DARLING®

Baby Darling® est un gracieux rosier miniature obtenu en Californie en 1964. Il possède des fleurs doubles, rose saumon. Son port arbustif est uniforme, son feuillage est vert-gris. Il peut atteindre 20 à 30 cm de hauteur.

CENDRILLON®

Créé en 1952, ce rosier possède de petites fleurs blanches, parfumées, comportant de nombreux pétales. Leur forme évoque les hybrides de roses Thé. Les fleurs éclosent au milieu de feuilles brillantes vert sombre, sur des branches droites et rigides, sans épines.
Cultivé en arbuste, il peut atteindre 15 à 23 cm. En amphore, il est du plus bel effet.

SWEET FAIRY®

Roses formant de petites corolles de 2,5 cm de diamètre, rose lilas, délicatement parfumées, aux feuilles vert foncé. Comme pour toutes les autres roses miniatures, elle donne le meilleur d'elle-même dans un jardin, avec d'autres roses de la même taille. On l'utilise aussi beaucoup comme rose coupée pour faire des bouquets décoratifs et des petites compositions.

PERLES D'ALCANADA®

Cette plante fut obtenue en 1944 par l'hybridateur espagnol Pedro Dot. Ses boutons, pleins et harmonieux, découvrent, lorsqu'ils s'ouvrent, une corolle carmin semi-double. Ses feuilles sont brillantes, d'un beau vert sombre qui met en valeur le rouge des fleurs. C'est un petit rosier, d'à peine 20-25 cm de hauteur, qui a tendance à s'étaler sur les côtés.

D'AUTRES ROSES MINIATURES

Angela Rippon®, Baby Sunrise®, Chelsea Pensioner®, Cold Pin®, Cree Diamond®, Rosina®, Snow Ball®, Pixie®, Bo-Beep®, Perle de Monserrat®, Little Buckaroo®, Little Eskimo®, Baby Baccara®, Rosy Meillandina®, Lutin®, White Gem®, Petit Four®, White Meillandina® sont d'autres rosiers miniatures.

ROSERAIES À VOIR

EN FRANCE

• Paris : roseraie du Parc de Bagatelle (Bois de Boulogne). Siège d'un important concours international, on peut y admirer 8 000 variétés différentes de roses. Les galeries de rosiers sarmenteux sont célèbres.
• Région parisienne : roseraie départementale de Hay-les-Roses. Cette roseraie se trouve aux portes de Paris. Elle abrite environ 3 500 variétés, très bien mises en valeur.
• Lyon : roseraie du Parc de la Tête d'Or. Elle est divisée en deux sections, l'une qui abrite les roses anciennes et l'autre les roses modernes.

EN ITALIE

• Rome : roseraie municipale de l'Aventino. Elle est divisée en deux sections : dans l'une on peut admirer environ un millier de variétés (dont de nombreuses sarmenteuses). L'autre partie est consacrée à la recherche et il s'y tient, chaque année, à la mi-mai, un concours international de roses nouvelles.
• Monza : roseraie de la Villa Reale, près de Milan. Elle abrite le siège de l'Association italienne des roses, et est le siège d'un concours international.
• Cavriglia : roseraie Carla Fineschi, San Giovanni Valdarno (Arezzo) : cette roseraie comprend une collection de 7 500 rosiers. Elle est très intéressante, tant du point de vue botanique que du point de vue historique.

EN ESPAGNE

• Madrid : Rosaleda del Parque de l'Oeste. Elle comprend une vaste collection de roses anciennes et modernes. Les pergolas de rosiers sarmenteux sont très belles.
• Alhambra, Grenade : Generalife. Cette roseraie se trouve près du célèbre monument mauresque, à l'intérieur du parc.
• Valence : Jardines del Real.

EN SUISSE

• Genève : Parc de la Grange. Ce parc abrite 12 000 roses sur les rives du lac du même nom. Il s'y déroule la Semaine de la Rose et le concours pour élire et récompenser les plus belles roses de l'année.

EN ALLEMAGNE

• Dortmund : Westfalenpark. C'est la roseraie nationale. Elle possède une collection de roses anciennes et modernes.
• Près de Weimar : Sangerhausen Rosarium. C'est une roseraie à l'implantation très particulière qui possède des roses anciennes et modernes.

EN GRANDE-BRETAGNE

• Romsey (Hampshire) : c'est la plus importante collection de roses anciennes au monde.
• Penhurst Place (Kent).
• Hampton Court Palace, près de Londres.
• Kew Garden, près de Londres.
• Londres : Queen Mary's Rose Garden, Regent's Park.

Rosa robusta est une rose classique et très décorative, au port naturel et élégant, que l'on trouve souvent dans les parcs des villas anciennes et les rosiers de collection

RÉALISATION DE PROJETS AVEC LES ROSES

La multiplicité des espèces de roses existant actuellement nous permet de pouvoir adopter ces fleurs dans de nombreux types de jardins et de parcs. On emploie les roses de la manière suivante : pour former des parterres, en arbustes, en bordure de pelouses ou d'allées, en buissons isolés, pour créer des haies, des pergolas ou en arbustes grimpants conduits sur des espaliers, formant des tunnels ou recouvrant des silhouettes en fil de fer en architecture végétale. Chaque espace vert possède sa propre atmosphère, son style et l'on utilisera les rosiers soit en isolé soit en groupe.

PROJET DE PLATE-BANDE AVEC DES ROSES GRIMPANTES ET COUVRE-SOL

structure en fer

rose blanche

rose rouge

sauge

géranium

PLANTES LES PLUS ADAPTÉES

■ **Parcs et jardins historiques et botaniques :**
■ plantes isolées en buisson, ou ornant des silhouettes en colonne en forme d'arbuste ;
■ rosiers buissons couvre-sol, réunis sous la forme d'arbustes, en espalier ou ornant des pergolas ;
■ rosiers isolés taillés en forme de silhouette.

Parcs et jardins modernes :
■ rosiers formant des bordures, pergolas portant des espèces grimpantes ;
■ spécimens isolés tels rosiers buissons et roses en pots.

CHOISIR LA « BONNE » ROSE

De par sa fonction d'ornement, la rose n'a pas besoin d'être valorisée par d'autres espèces, l'effet produit par un seul rosier se suffit à lui-même en tant qu'élément principal du décor. Les différentes variétés cultivées se présentent sous forme de buissons à port droit ou pleureur, elles peuvent être de formes plus ou moins généreuses, se conformant ainsi aux nécessités, au goût personnel de chacun, aux dimensions et à la morphologie de l'endroit du jardin ou de la plate-bande qu'il faut planter, elles peuvent retomber en cascades de fleurs aux branches souples, faire des taches de couleurs intenses et uniformes, se présenter sous la forme de petits arbustes droits, ou même carrément de grands arbres à fleurs. D'autres critères peuvent conditionner le choix d'une variété de rosiers. Ces critères sont très différents d'une plante à l'autre comme nous l'avons vu dans le chapitre consacré aux variétés : ce sont la forme, les dimensions et la couleur des fleurs, sans oublier le parfum plus ou moins présent. La rose offre une infinité de possibilités et peut donc se plier à toutes les préférences.

Haies de rosiers grimpants dans une pépinière

DU FORMEL CLASSIQUE AU « COUNTRY »

Le style élégant et sobre de la rose (qui est aussi le propre d'autres plantes telles que le camélia et la pivoine) lui permet de tenir son rang sans difficulté et de faire beaucoup d'effet dans de nombreux endroits, allant du jardin formel, classique, uniquement composé de roses au jardin rustique d'une maison de campagne. Il appartient au paysagiste, ou au propriétaire souhaitant s'exercer au jardinage, d'harmoniser les rosiers avec l'atmosphère du jardin ou de la maison. Ainsi, un seul regard au jardin et à son environnement nous indiquera le genre de rosiers qu'il faut choisir et où et comment il faudra les installer.

Le style sobre et élégant de la rose offre une infinité de possibilités : elle peut être utilisée dans les jardins formels ou rustiques d'une maison de campagne, avec des résultats décoratifs satisfaisants

Dans un jardin classique, les rosiers ont des formes bien précises : on utilise surtout des rosiers arbustes et des rosiers sarmenteux sur des pergolas et des structures en forme d'arc pour créer des tunnels fleuris

JARDIN CLASSIQUE

Que les rosiers soient des rosiers arbustes ou des rosiers buissons, ils seront utilisés en isolé car il faut que leur caractère unique et leur variété puissent être mis en valeur. Lors de l'implantation il faut respecter une distance d'environ 1 mètre entre deux rosiers pour les variétés taillées en arbustes et d'environ 1,5 mètre pour les rosiers buissons qui s'ouvrent en forme de cône renversé. Dans un jardin classique, on utilise aussi des roses comme bordures linéaires, formant des figures géométriques ou des figures plus souples. Les roses doivent toujours être d'une couleur unie : blanc, rose, rouge ou dans une nuance proche de ces teintes. On peut aussi, dans un jardin classique, utiliser les rosiers sur des pergolas, sur une structure de style, néo-classique, en bois travaillé, les placer dans des vases en terre cuite posés entre les arcades ou aux quatre angles.

PERGOLAS ET ESPALIERS

L'utilisation de la rose comme plante sarmenteuse s'accrochant sur des pergolas est très courante. Employés seuls sans être associés à d'autres plantes les rosiers sont du meilleur effet, même s'ils ne sont pas suffisamment touffus pour recouvrir entièrement la structure de la pergola, laissant alors pénétrer les rayons du soleil, ce qui ne peut que permettre aux rosiers de mieux se développer et de mieux apprécier les nuances du feuillage et des fleurs. En dehors des pergolas ou d'un arbuste planté en isolé, on peut aussi conduire les rosiers sur des espaliers en forme de cône renversé ou en forme de candélabre. L'espalier devient alors un véritable mur de fleurs.

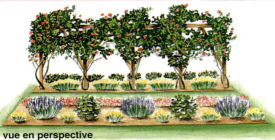

vue en perspective

roses miniatures

bulbeuses (narcisses)

lantana

lavande

bruyère

soutiens

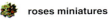

vue du haut

Projet de rosier en espalier réalisé avec des plantes annuelles ou vivaces (par exemple, roses miniatures, bulbeuses, verveine, lavande, bruyère), fleurissant du printemps à l'été

— lavande

Projet de rosiers en forme d'arc sur une pergola en fer

balsamine

Projet de rosiers sur une pergola en bois à section carrée

JARDIN RUSTIQUE
OU COUNTRY

Au centre de ce jardin doit se trouver une maison dans le même style. Il doit y avoir une continuité avec le paysage environnant, que ce soit un paysage campagnard, de collines ou de lacs. Ce jardin doit être comme une fenêtre qui s'ouvre sur le paysage environnant. On choisira des rosiers à port buissonnant, comme des taches de soleil rose, isolés ou associés à d'autres plantes basses (au maximum 30 cm), pour ne pas que floraison et ramifications des unes et des autres s'annulent. Ils sont aussi du plus joli effet adossés à un mur d'enceinte construit dans un matériau naturel (pierres, briques, cailloux ou mortier couleur pastel) ou adossés aux murs d'une maison. Dans ce cas, il faut choisir des couleurs offrant un joli contraste. L'association ou non avec d'autres plantes est affaire de goût personnel. Quoi qu'il en soit il ne faut pas que l'effet en soit trop soigné ou formel. Associer ce type de rosiers avec des bordures de plantes pérennes à

Grâce à la beauté de leurs fleurs et de leur feuillage, les rosiers ont toujours eu leur place dans les jardins des maisons de campagne, portail y compris

fleurs, telles que la sauge, les delphiniums, les asters, l'amarante, les hélianthes, le lilas, la véronique et bien d'autres offrant un côté campagnard est absolument parfait.

JARDIN RÉSIDENTIEL

Dans une résidence familiale possédant un jardin d'environ 200 m^2, on peut utiliser les rosiers pour faire des bordures basses, pour constituer une haie colorée ; on peut aussi utiliser des rosiers grimpants sur des pergolas ou des espaliers placés le long du mur de clôture. Il faut toujours les placer de façon décentrée, c'est-à-dire les planter le long de l'allée menant à la maison, près d'un portique ou d'arcades, ou dans une plate-bande ensoleillée. Enfin, si vous souhaitez avoir des roses pour décorer l'intérieur de votre maison, il n'y a rien de mieux que de planter de larges buissons de roses loin de l'aire de jeux des enfants.

Exemple de jardin résidentiel où les rosiers ont été décentrés par rapport à la maison afin de créer un coin « séjour » en plein air

BORDURES

Les roses modernes, qui acceptent fort bien la taille et ont un faible développement, jusqu'à 40 ou 60 cm de hauteur, permettent de réaliser de ravissantes bordures le long de voies piétonnes, de faire des plates-bandes, de fleurir des haies et de créer des cloisons n'occultant pas la vue sur ce qui se trouve en arrière-plan ou à l'horizon. Contrairement aux variétés précédentes qui dépassaient toujours 1,5 mètre de hauteur, les variétés compactes, remontantes et très rustiques d'aujourd'hui, c'est-à-dire celles qui supportent les contraintes imposées par leur milieu, nous permettent de mettre en valeur des endroits n'ayant que peu de valeur esthétique.

PROJET DE BORDURE

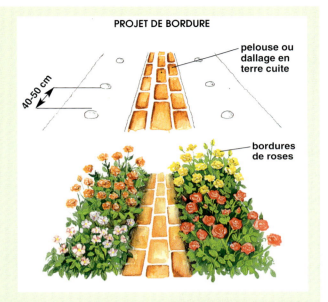

40-50 cm

pelouse ou dallage en terre cuite

bordures de roses

L'utilisation des roses est de plus en plus fréquente pour la décoration des parcs ou des grands jardins. Ce phénomène s'explique par le fait que les roses ont besoin d'un entretien minimum et que le contraste créé par la pelouse et les fleurs donne des résultats du plus bel effet

JARDIN SPACIEUX (ET PARC)

Il faudrait toujours qu'il y ait dans ce type de jardin une collection, même modeste, de rosiers arbustes ou en espaliers, sinon un espace de 50 ou bien 100 m^2 uniquement planté de rosiers sur une belle pelouse verte convient tout à fait. L'emplacement ensoleillé ou modérément ombragé que les rosiers exigent impose de les planter en bordure de pelouse, de les adosser à la structure d'une pergola ou de les utiliser sous forme de rosiers sarmenteux sur les bâtiments ou les structures se trouvant dans le parc.

DANS LES PARCS URBAINS

Les rosiers commencent à faire leur apparition dans les parterres et les bordures des espaces verts des villes. Malgré les difficultés liées à la pollution et à un entretien souvent insuffisant, les roses modernes, aux superbes couleurs rouge, rose, jaune, blanc et amarante, parviennent à pousser et à donner le meilleur d'elles-mêmes même dans les villes.

SUR LES LIEUX DE TRAVAIL ET DANS LES ÉCOLES

Parmi les endroits peu valorisés par des espaces verts, on a

Bordure et arbustes de roses ornant un parc public

toujours compté les lieux de travail, les édifices publics et différents bâtiments peu concernés par le jardinage. Et pourquoi ne pas faire de son lieu de travail, par le biais de quelques modifications, un endroit agréable, présentable et travailler dans un décor qui soit aussi agréable psychologiquement parlant grâce à la présence de bordures ou de haies de roses ou d'autres plantes du même genre, dont la floraison s'étalerait dans le temps. Le très grand choix de rosiers que l'on a actuellement permet de les utiliser facilement dans ces endroits, de donner un nouvel aspect à des structures et des endroits plutôt tristes et psychologiquement déprimants. Utilisons les plantes qui peuvent nous aider à donner une âme et du caractère à un lieu de travail ou à des écoles où les enfants apprendront à devenir de bons petits jardiniers respectueux des plantes.

Roses longeant une piste cyclable. Les rosiers du genre *polyantha* au port arbustif ou couvre-sol sont souvent utilisés pour la longue durée de leur floraison

LE PLANT DE ROSIER

La rose appartient à la famille des Rosacées, qui a donné à l'homme de très nombreuses espèces qu'il a cultivées pour la beauté de leurs fleurs ou pour la saveur et la valeur nutritive de leurs fruits. En effet, font partie de la même famille que les roses : le pommier, le poirier, le pêcher et beaucoup d'autres encore.

LES FEUILLES
Les feuilles de la rose sont des feuilles composées de 5, 7, 11 ou même 13 folioles, ovales, brillantes ou bien mates, d'un vert plus ou moins intense, ou d'un vert bleuté sur la face supérieure ; dans certaines variétés, elles tirent sur le rouge sur la face inférieure. Leurs bords ont une dentelure simple ou double.

LES ÉPINES
Les épines sont des feuilles qui se sont transformées ; elles sont caractéristiques des roses, et sont parfois grandes. Dans les jardins, elles contribuent à créer un effet décoratif tout à fait typique de la plante. Dans certains cas, comme par exemple dans l'espace restreint d'un balcon, des rosiers sans épines sont les bienvenus. Il existe de nombreuses variétés de rosiers, anciens ou modernes, qui ne portent pas d'épines.

LES RACINES
Les caractéristiques des racines varient beaucoup d'un rosier à l'autre. Elles sont

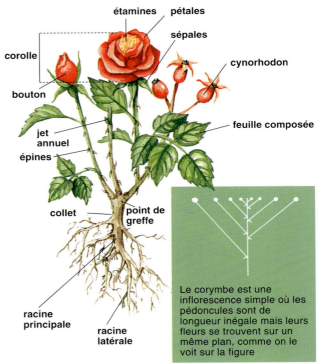

Le corymbe est une inflorescence simple où les pédoncules sont de longueur inégale mais leurs fleurs se trouvent sur un même plan, comme on le voit sur la figure

généralement très ramifiées et vigoureuses. Dans le cas des espèces employées comme porte-greffe on privilégie les racines vigoureuses et profondes.

LA FLEUR
La fleur peut être unique ou se présenter sous forme d'inflorescences à corymbe. Elle est formée par une corolle de 5 pétales, dans le cas de fleurs simples, très courantes sur les espèces spontanées, les pétales sont plus nombreux sur les espèces cultivées : fleurs

semi-doubles, de 6 à 25 pétales ; fleurs doubles composées de 26 à 40 pétales ; fleurs grandes ou très doubles comprenant plus de 40 pétales. Le calice est formé par 5 sépales qui, lorsque les conditions environnementales ne sont pas favorables, deviennent semblables à des feuilles. Les pétales sont charnus et arrondis. En ce qui concerne leurs dimensions, on distingue : les petites fleurs au diamètre inférieur à 4 cm, les fleurs moyennes de 4 à 7 cm, et les grandes fleurs au-delà de 7 cm.

LES FORMES DE LA FLEUR

Au cours de ces dernières années, le développement de l'hybridation de masse a permis d'obtenir des plantes qui possèdent une grande variété de formes mais aussi de parfums très intenses. Les types de florescences illustrés ci-après sont une indication générale de la forme des fleurs au stade de leur épanouissement maximum (qui ne correspond pas toujours au moment où la fleur est la plus ouverte), en rappelant également que les conditions de culture peuvent influencer la forme finale de la fleur.

Roses en exposition lors d'un concours organisé par la Société italienne de la Rose

FLEUR PLATE	FLEUR EN COUPE	FLEUR ALLONGÉE	FLEUR À CENTRE ÉLEVÉ

ouverte, en général simple ou semi-double, avec des pétales quasiment plats	ouverte, simple ou double, avec les pétales centraux légèrement recourbés vers l'intérieur	forme élégante de l'hybride de Thé, semi-double ou double, avec des pétales très serrés et allongés au centre	forme classique de l'hybride de Thé, semi-double ou double, avec des pétales recourbés et aplatis en leur sommet

FLEUR ARRONDIE	FLEUR EN ROSETTE	FLEUR EN ROSETTE À QUARTIERS	FLEUR À POMPON

en général, double ou très serrée, avec des pétales de dimensions diverses qui se superposent donnant une forme arrondie	en général, double ou très serrée, plutôt plate, très fournie, avec des pétales irréguliers et superposés donnant un aspect très dense	comme la précédente, ses pétales sont irréguliers mais disposés en quartiers	petite, arrondie, double ou très serrée, avec une masse de petits pétales, généralement, elle est disposée en bouquet

Extrait de *Annuario della rosa* 1999, par la Société italienne de la rose ONLUS, Villa Reale de Monza, Italie

LA CULTURE

Voyons maintenant les soins que nécessite la rose de l'instant où elle est plantée jusqu'à son plein développement.

L'EXPOSITION ET LA TEMPÉRATURE

L'exposition idéale est une exposition ensoleillée qui favorise une floraison abondante et la vigueur de la plante. L'intensité lumineuse est importante pour donner des fleurs aux couleurs intenses. Le rosier aime beaucoup la lumière diffuse, mais il ne faut pas qu'il soit exposé au soleil plus de sept ou huit heures par jour. Une bonne aération et un peu d'ombre, offerts par la présence d'autres arbres ou arbustes dans le jardin, font du plant un rosier sain et vigoureux. Il apprécie les températures douces, supérieures à 15 °C pour une belle floraison : si les températures sont trop basses pour la variété, les fleurs auront de très nombreux pétales, ou bien on aura des bourgeons aveugles qui ne donneront pas de fleurs. Par contre, dans des conditions de chaleur excessive, au-delà de 35 °C, les feuilles tombent, les boutons sont brûlés, les fleurs restent pâles. Mais le choix immense offert par les variétés permettra de trouver le rosier adapté à votre climat et à l'exposition de votre jardin.

LA PLANTATION

La mise à demeure en pleine terre d'un arbuste ou d'un rosier buisson doit, de préférence, se faire pendant les mois d'hiver où la plante est au repos, au moment de la chute des feuilles, fin novembre. Bien qu'à cette époque de l'année les racines ne soient pas complètement au repos, c'est un moment de moindre activité par rapport aux autres saisons, c'est une période d'activité végétative. La plante se trouve donc à un stade de son développement où elle est moins sensible à des opérations de manipulation de ses racines et de son feuillage. On peut donc entreprendre les opérations de transplantation d'octobre à décembre, lorsque le sol n'est pas encore gelé ou dans les mois suivants, lorsque les gelées sont plus fréquentes, mais, dans ce cas, on perdra presque une année de végétation. Si l'on souhaite voir les rosiers fleurir l'année suivant la plantation et même assister à une croissance satisfaisante de son arbuste, il vaut mieux mettre le rosier à demeure, dans le jardin, au cours de l'automne. Dans le cas où le rosier se présente avec sa motte de terre, on peut effectuer tranquillement la transplantation à n'importe quel moment de l'année, puisque les racines sont déjà bien solides et n'ont plus qu'à s'adapter au nouveau sol.

LA PRÉPARATION DU TERRAIN ET DU PLANT DE ROSIER

Environ deux semaines avant la plantation, il est conseillé de préparer soigneusement le terrain, de façon que les conditions soient optimales tant du point de vue physique que chimique. Le rosier aime les sols très riches en matières organiques. Il faudra donc l'enrichir avec du fumier bovin ou, plus simplement, avec des engrais complexes, comme par exemple du superphosphate minéral, en respectant des doses d'environ 150-200 grammes par mètre carré. On travaille le terrain au moment d'incorporer le fumier et pour permettre une meilleure aération, en retournant les mottes de terre sur environ 50 cm de profondeur. Ceci permet également d'éliminer des larves d'insectes et les petites pousses des mauvaises herbes qui, si on ne les enlevait pas, empêcheraient la bonne pousse de notre nouvelle plantation. Si le plant de rosier que vous avez acheté n'a pas de motte, il faut le transplanter le plus rapidement possible pour éviter qu'il ne reste trop longtemps dans des conditions défavorables, que ce soit un excès de sécheresse ou de températures trop basses. Si vous ne pouvez pas le transplanter directement en pleine terre, mettez leurs racines dans de l'eau ou dans de l'eau mélangée avec de la terre pour qu'elles ne se dessèchent pas complètement et qu'elles soient protégées par la pellicule protectrice offerte par le terreau humide. Si le délai d'attente pour la transplantation se prolonge, il est conseillé de placer les plantes les unes à côté des autres, inclinées, avec les racines dans un trou ou dans un récipient et de les recouvrir avec un mélange de sable et de tourbe, dans un endroit non chauffé, à l'abri.

LES CARACTÉRISTIQUES DU SOL

Le sol a de nombreuses caractéristiques mais, en schématisant très simplement, on peut distinguer des caractéristiques physiques et chimiques.

Les caractéristiques physiques. Elles sont, peut-être, les plus importantes pour une plantation et une culture réussies. Elles sont aussi les moins facilement modifiables. En ce qui concerne la structure physique, liée essentiellement à la dimension des particules qui composent le sol, on peut avoir :

▌ *des sols sablonneux*, dans lesquels on a un fort pourcentage de particules minérales d'un diamètre supérieur à 2 millimètres ;

▌ *des sols argileux*, dans lesquels les particules d'un diamètre inférieur à 2 millièmes de millimètre sont majoritaires ;

▌ *des sols limoneux*, qui sont intermédiaires entre les deux précédents.

Plus un terrain est sablonneux et plus il sera drainant ou « léger », plus il est argileux et plus il sera « lourd », difficile à drainer et à travailler. Le terrain idéal consiste en un sol moyen, comportant un juste équilibre de sable, de limon et d'argile dans des proportions respectivement dégressives : de 50 à 80 % de sable, de 10 à 15 % de limon et de 5 à 10 % d'argile. La consistance idéale doit, en effet, comporter de grosses particules qui favorisent le drainage et des particules plus petites qui permettent d'absorber et de maintenir l'humidité. Si votre sol n'est pas idéal pour le type de rosier que vous avez choisi, il faut l'amender en ajoutant ce qui lui manque ; souvent, on ajoute du sable si le sol n'est pas assez drainant.

Les caractéristiques chimiques. Selon la composition des roches formant le terrain, il y a une prévalence de certains éléments et composants chimiques. Il est important, en particulier, de connaître la réaction du terrain, selon les valeurs du pH. On peut ainsi distinguer :

▌ *les terrains acides* présentent des valeurs du pH inférieures à 7. Ils conviennent tout particulièrement à des plantes que l'on dit « acidophiles » telles que les azalées, les rhododendrons, les camélias, les bruyères... ;

▌ *les terrains à réaction neutre* présentent des valeurs du pH proches de 7 ;

▌ *les terrains à réaction alcaline* ayant des valeurs du pH supérieures à 7 : il s'agit de terrains calcaires.

Pour ce qui est des rosiers, le sol doit être plutôt neutre, mais des valeurs légèrement alcalines sont tolérées pourvu qu'un drainage de l'eau suffisant soit garanti. En effet, les rosiers ne supportent pas la rétention d'eau près des racines.
Si le pH du terrain est trop élevé, il faudra l'acidifier en ajoutant du sulfate de fer, ou des engrais contenant du soufre. L'un des principaux inconvénients des sols alcalins est qu'ils sont pauvres en éléments nutritifs, notamment en fer, dont la carence provoque des phénomènes de chlorose, ou jaunissement des tissus de la plante. Les feuilles, en particulier, sont vert très pâle, surtout dans la partie comprise entre les nervures : on parle alors de chlorose ferrique.
Le type de terrain dépend des caractéristiques des racines. Si le plant de rosier que vous vous apprêtez à mettre dans votre jardin est greffé, il suffira de savoir quel type de porte-greffe a été utilisé et si ce porte-greffe, par exemple, accepte les terrains calcaires ou préfère d'autres sols. Si votre terrain est très calcaire, ou argileux, il faudra alors veiller à incorporer, au moment de la préparation, du sable ou de la tourbe pour en faire un bon sol pour votre rosier. Pour les roses en pots, on utilise des terreaux spécifiques déjà prêts à l'emploi qui ont les mêmes caractéristiques que les terreaux utilisés pour les jardins.

LE NETTOYAGE

Ce travail consiste à éliminer les branches et les tiges déformées, desséchées ou malades et de faire de même avec les racines. Si cela n'a pas déjà été fait par le pépiniériste, vous pouvez réaliser vous-même cette opération simple et rapide de nettoyage et d'assainissement. Il est inutile de placer dans un jardin ou sur une terrasse des plants de rosiers ayant des défauts évidents ou desséchés par endroits ou encore porteurs de maladies.

COMMENT PROCÉDER À LA PLANTATION

La **plantation en pleine terre** : on procède à la préparation d'un trou de 40 x 40 x 40 cm.

On place les racines du rosier au centre, en appuyant légèrement afin que le terreau puisse bien adhérer entre les racines. Si l'on plante plusieurs rosiers au même endroit, il est conseillé de respecter une distance minimum entre eux. À titre indicatif il faut environ 40-50 cm entre les rosiers buissons, 60-100 cm pour les rosiers arbustifs, de 1 à 2 m pour les arbustes, et environ 1,5 mètre pour les rosiers sarmenteux et grimpants, en hauteur ou en largeur. Si besoin est, il est conseillé, avec de jeunes plants au tronc gracile, de placer un tuteur, simple piquet en bois à fixer dans la terre, à la base du tronc qu'il faut soutenir.

La **plantation dans des pots ou des jardinières** : il s'agit de plantes déjà en pot et possédant généralement une motte de terre. Il s'agira tout simplement de les replanter dans un pot plus grand : cette opération s'effectuera au printemps, et il faudra pour cela acheter des plantes déjà pourvues de boutons de fleur. Il faut également

PLANTATION D'UNE ROSE EN ARBUSTE

PLANTATION D'UNE ROSE EN BUISSON

terre de cultivation + tourbe

sol d'origine

se procurer du terreau que l'on trouvera dans les magasins spécialisés.

Avant d'introduire le terreau et les plantes, il faut déposer sur le fond du récipient une couche de matériau drainant, des petits

graviers ou de l'argile expansée. Les dimensions du pot doivent tenir compte du développement futur du rosier.

Si vous disposez d'une terrasse, d'une véranda ou d'un balcon, optez pour des rosiers sarmenteux ou miniatures qui conviennent parfaitement pour décorer les pots et les jardinières. Si, en revanche, vous disposez de grands espaces, plantez des rosiers couvre-sol à port compact.

Les pots, disponibles dans une grande gamme de couleurs et très décoratifs, peuvent être en plastique, en bois ou en terre cuite. À ce propos, ce dernier matériau possède plusieurs avantages : il est naturel, très esthétique et sa porosité n'endommage pas les racines. Le pot en plastique, quant à lui, coûte généralement moins cher ; il est également plus léger et donc plus facile à transporter. Toutefois, il se dégrade avec le temps, il est moins poreux que le pot en terre cuite et a tendance à trop se réchauffer pendant la saison chaude (surtout s'il est de couleur sombre), ce qui provoque des dommages aux racines.

LA FUMURE

Les éléments nutritifs majoritairement absorbés par le rosier sont l'azote et le potassium, viennent ensuite le phosphore

PLANTATION DE ROSIERS EN ARBUSTE SELON LES DISTANCES OPTIMALES

80 cm-1 m jusqu'à 1,2 m max

1-1,5 m

1-1,5 m

1-1,5 m

en rangée

PLANTATION DE ROSIERS BUISSONS SELON LES DISTANCES OPTIMALES

30-40 cm

en massif

40-50 cm

40-50 cm

40-50 cm

PLANTATION DE ROSIERS GRIMPANTS SELON LES DISTANCES OPTIMALES

muret d'enceinte

mur de la maison

en haie

1-1,5 m

1-1,5 m

en espalier

et les oligo-éléments, en particulier, le fer. Dans la deuxième année suivant la plantation, il est donc conseillé pendant la saison de végétation d'apporter, comme fumure de couverture, des engrais complexes disponibles sur le marché. Les périodes idéales pour apporter de l'engrais sont février-mars et, pour certaines variétés remontantes, août. On peut ajouter l'azote sous la forme d'urée, ou bien en même temps que d'autres éléments au moment de l'arrosage, en respectant la dose de 1 gramme par litre. Un rapport équilibré entre les éléments nutritifs permettra de toujours avoir des plantes vigoureuses, couvertes de feuilles et possédant de nombreuses fleurs.

L'ARROSAGE

Maintenir une humidité constante du terrain, en évitant les écarts entre sécheresse et excès d'eau à proximité des racines est très important pour prévenir les phénomènes de rétention d'eau et, dans le cas des variétés ayant des racines superficielles, le stress de la sécheresse. Au printemps, il est conseillé d'arroser abondamment, régulièrement, tous les 7 ou 8 jours. En été, il est important de veiller aussi à la température de l'eau qui ne doit pas être trop froide pour éviter d'abîmer les tissus de la plante. L'excès d'humidité au niveau des ramifications les plus basses et des feuilles à la base de la plante favorise les

maladies cryptogamiques, (*Botrytis* qui produit le mildiou), maladies traitées dans le chapitre consacré aux « ennemis des rosiers ».
Évitez également de les baigner le soir, que ce soit au printemps ou en automne. En effet, la permanence d'une pellicule d'eau sur les feuilles favorise l'apparition de moisissures, en particulier *Botrytis* et *Peronospora*, qui risquent de compromettre l'ouverture des bourgeons et des boutons. Enfin, il est conseillé d'utiliser de l'eau de pluie, non calcaire.

LES ENGRAIS ORGANIQUES

Il est conseillé de déposer, à la base du plant de rosier, surtout les premières années suivant la plantation, une couche d'engrais organique, constitué de feuilles, d'aiguilles de pin ou d'écorce en décomposition. Les avantages sont nombreux : terrain plus frais l'été, maintien d'un niveau correct d'humidité (on évite le phénomène de la déshydratation), réduction des écarts thermiques excessifs, arrêt de la croissance des mauvaises herbes se trouvant sous le rosier.

LA TAILLE

Les objectifs principaux de la taille sont entre autres, rappelons-le, d'éliminer les rameaux secs, malades, déformés, et de

réduire les dimensions de la plante, et de la rendre plus vigoureuse.

QUAND L'EFFECTUER ?
Comme pour la plupart des espèces, il est conseillé d'effectuer la taille pendant la période de repos, à la fin de la végétation. La période de taille peut donc être différente d'une variété à l'autre. S'il est généralement conseillé de tailler pendant la période de repos et de préférence à la fin de l'hiver, vers la deuxième quinzaine de février et après, il y a des cas où il est préférable de procéder à une taille estivale, après la première floraison, en prévision de la floraison d'automne, dans le cas, notamment, de variétés remontantes et surtout en ce qui concerne les rosiers sarmenteux et rampants.
La taille hivernale exige que l'on respecte un certain nombre de choses. Choisir la fin de l'hiver n'est pas un hasard : si l'on taille trop tôt dans la saison on va, en effet, rencontrer deux risques : le premier est qu'il est possible que la végétation reprenne avant le printemps et donc on court le risque de voir geler les nouvelles pousses ; le second est que si l'on taille avant les gels on risque de créer des blessures et donc des entrées pour les champignons pathogènes, parmi lesquels se trouvent les agents du chancre.

L'IMPORTANCE DE LA TAILLE

Tout dépend des variétés, mais aussi du cycle biologique de la plante, mais nous pouvons, ici, vous donner un certain nombre de conseils. Parmi ceux-ci, il faut toujours tenir compte de l'âge de la plante : en effet, l'objectif de la taille varie en fonction de l'âge du plant de rosier. La première année, il n'est pas toujours nécessaire de tailler : le plant doit encore former son embranchement (tronc, branches ou rameaux principaux, rameaux secondaires). Ce n'est que dans le cas des rosiers arbustes ou lorsque l'on souhaite donner à son rosier une forme particulière qu'il faudra « diriger » le développement de la plante dans le sens voulu, il s'agira alors d'une forme d'élevage que l'on appelle « obligée ». En ce qui concerne les rosiers arbustes il faut déterminer tout de suite de quel niveau on souhaite faire partir les ramifications, et éliminer toutes les tiges se trouvant sous une certaine hauteur : par exemple de 60 cm à 1 mètre, puis il faut sélectionner trois ou cinq rameaux qui constitueront les tiges principales et ainsi de suite chaque année. D'autres formes d'élevage « obligées » concernent les haies, les buissons ayant une forme particulière…

La taille des rosiers peut être très énergique ou « courte » ou plus délicate, autrement dit « longue ».

Dans le premier cas, on coupe les branches principales à environ 50 ou 60 cm du sol, en ne laissant que peu de bourgeons. Cette taille s'effectue de préférence sur des plantes faibles, justement pour stimuler la végétation qui ne se fera que sur peu de branches, mais elles seront très vigoureuses. Dans le cas d'une taille longue, on ne coupe que la partie terminale des rameaux, ce qui donnera comme résultat beaucoup de fleurs. On utilise ce procédé sur des plants vigoureux. Cela peut paraître bizarre mais, justement pour compenser la tendance naturelle des différentes variétés, on procède à une taille courte, c'est-à-dire énergique, sur les plantes faibles et une taille longue sur les plantes vigoureuses. Les différentes variétés et votre préférence personnelle pour un port plus ou moins court vous orienteront vers l'un ou l'autre type de taille. Cela dépend aussi beaucoup du type de floraison et de l'endroit où est située la plus grande partie des boutons floraux, qui varie en fonction de la variété. Mais quel que soit votre choix, il faut toujours avoir présentes à l'esprit deux règles très importantes :

▮ le rosier possède une exceptionnelle capacité de reprise après la taille et une vigueur remarquable : il ne faut donc pas avoir peur de couper les branches trop court ;

▮ la coupe doit être franche, nette, oblique, un peu au-dessus du bourgeon, pour faire en sorte que l'eau glisse et ne pénètre pas dans le bourgeon, ce qui le ferait pourrir.

LES DIFFÉRENTES SORTES DE TAILLE

En fonction de l'objectif de la taille, on peut distinguer les interventions suivantes.

▮ **La taille d'assainissement :** on l'utilise surtout dans le but d'éliminer les branches et les rameaux malades, desséchés, qui portent des fleurs flétries ou moisies.

▮ **La taille d'éclaircissage :** lorsque la variété comporte trop de branches et de rameaux, ou bien lorsque les branches sont tordues, déformées, il faut ôter tout ce qui est en trop, pour favoriser l'entrée de la lumière et le bien-être de la plante.

▮ **La taille de formation :** on l'utilise surtout sur les plantes jeunes ou lorsque l'on souhaite modifier de façon substantielle la forme de notre arbuste. Son but est de donner une forme à la plante, en dirigeant et en accompagnant le développement et la croissance des branches et des rameaux.

▮ **L'étêtage :** il consiste à tailler, ou à éliminer le sommet de la plante. On l'utilise pour favoriser l'émission de bourgeons latéraux sous le sommet de la branche et favoriser ainsi la ramification pour avoir plus de fleurs.

L'ÉLIMINATION DES DRAGEONS

Certaines variétés de rosiers ont tendance à produire des drageons, ou pousses aériennes, à la base de la plante ; ce phénomène se manifeste surtout l'été. Souvent il s'agit, dans le cas de rosiers greffés, de drageons du porte-greffe.

INTERVENTIONS SPÉCIFIQUES

D'autres distinctions se basent sur les différences entre les diverses variétés de roses :

▮ les **rosiers buissons** : on garde 3 ou 4 bourgeons robustes et bien formés sur les branches choisies ;

▮ les **rosiers à port arbustif** et les **rosiers grimpants remontants** (pour lesquels on privilégiera l'étêtage) : les interventions de taille sont minimes ;

▮ les **roses miniatures** : elles requièrent des interventions très légères, un semblant d'étêtage et une taille des petites branches malades, desséchées ou déformées.

**TAILLE D'ÉCLAIRCISSAGE EFFECTUÉE
SUR DES ROSIERS BUISSONS**

Dans ce cas, il ne faut pas hésiter à les éliminer, tant du point de vue esthétique que parce que la variété que vous avez choisie a des caractéristiques différentes du porte-greffe et qu'elle doit constituer l'ensemble de la tête de votre rosier.

Dans le cas de rosiers buissons, il faut contrôler ce phénomène pour éviter qu'il y ait un nombre trop important de branches à la base. Naturellement, ceci est valable aussi pour les rosiers arbustifs.

L'ÉLIMINATION DES FLEURS FANÉES

S'il s'agit de variétés à tiges longues, à utiliser également comme bouquets, le problème ne se pose pas. Si, en revanche, on laisse toutes les fleurs sur le plant, il est nécessaire, comme c'est le cas pour les roses de jardin, d'éliminer les fleurs après la fin de la floraison, pour stimuler la croissance des nouveaux bourgeons qui se trouvent dessous et pour éviter que sur les fleurs flétries ne se développent des maladies fongiques peu souhaitées.

Pour éliminer les fleurs, couper environ la moitié de la tige, en faisant attention à couper immédiatement au-dessus d'un bourgeon qui soit tourné vers l'extérieur ; il poussera rapidement.

LA GREFFE

La greffe est l'union de deux plantes différentes pour en obtenir une autre ; dans certains cas, elle a une fonction reproductive. En ce qui concerne les rosiers, on utilise des plants greffés surtout dans le cas des rosiers arbustes. L'espèce qui servira de porte-greffe fournira les racines et conférera de la vigueur à l'espèce qui fournira ce qui constitue le feuillage : branches, rameaux, feuilles et fleurs. Le porte-greffe doit donc être en mesure de s'adapter aux conditions du terrain dans lequel on plantera le rosier. En ce qui concerne le rosier, la greffe ne nous intéresse pas à des fins de multiplication, parce qu'il s'agit là d'une technique difficile dont on n'est pas sûr de la réussite, mais elle est intéressante pour savoir sur quelle variété le rosier que nous avons choisi a été greffé. Les porte-greffes les plus courants appartiennent aux espèces suivantes :

▋ *Rosa indica major* ou *Rosa odorata*, convenant aux terrains calcaires, résistante à la sécheresse et aux fortes températures estivales ;

▋ *Rosa noisettiana Manetti* (du nom du jardinier Manetti, de Monza), avec des racines superficielles, peu résistante à la sécheresse ;

▋ *Rosa fredica*, croisement entre *Rosa indica major* et *Rosa multiflora* ;

▋ *Rosa canina*, très résistante au froid, donne des fruits riches en vitamine C, avec lesquels on fait d'excellentes confitures ; on l'utilise dans plusieurs pays non seulement comme porte-greffe mais aussi en fleurs coupées. Elle présente des racines superficielles résistant peu à la sécheresse. Elle a, en outre, la caractéristique d'émettre de nombreux drageons à la base du tronc ;

▋ *Rosa multiflora* convient aux terrains acides et produit des plantes peu vigoureuses ; on l'utilise également comme plante de jardin sans qu'elle soit greffée. Elle donne de petites fleurs rassemblées en inflorescences à corymbe ;

▋ *Rosa rugosa* convient aussi bien comme porte-greffe que comme rose de jardin. Cette plante très résistante au froid se distingue par une longue période de repos.

LA MULTIPLICATION DES ROSES

LE BOUTURAGE

La méthode de multiplication la plus simple est certainement le bouturage. Prélever des boutures, qui sont des morceaux de branches terminales ou axillaires, se fait de préférence à la fin du printemps ou, mieux, en été. Selon la partie où on prélève le morceau de plante, on distingue :

▋ la **bouture d'œil** : morceau de plante prélevé en un point central de la branche, entre deux yeux. Elle ne comprend pas le bourgeon apical ;

▋ la **bouture apicale** : morceau de branche qui comprend le sommet ou bien le bourgeon apical.

En effet, la meilleure bouture doit être semi-ligneuse, avec des tiges de consistance moyenne, lorsque la couleur de la branche vire du vert foncé au marron.

Les boutures doivent comprendre deux ou trois nœuds. Il faut couper la tige juste sous l'œil de la base. Pour certaines variétés, il faut, pour que la reprise soit plus rapide et que des racines se forment rapidement, plonger la partie coupée dans un mélange de substances hormonales qui stimulent la production de racines. Ces substances hormonales contiennent de l'auxine qui est une hormone accélérant la formation des racines.

Le terreau le plus adapté pour faire prendre racine doit être très léger, à base de tourbe et d'agriperlite à 50 % ou bien du terreau enrichi par du gros sable. En effet, il est important de favoriser le drainage du terreau, pour favoriser une bonne aération au niveau de l'œil basal, d'où partiront les nouvelles pousses.

Pour multiplier certains porte-greffes, tels que *Rosa indica major*, *Rosa fredica*, le moment le plus adapté pour prélever les boutures est la fin de l'automne, après la chute des feuilles.

LE COUCHAGE

Moins employé que le bouturage, le couchage mérite d'être cité. On l'utilise cependant dans certains cas, surtout sur les variétés ayant des tiges longues et souples. La technique consiste à placer dans un trou dans la terre la partie terminale de la branche et de la couvrir avec du terreau sans l'isoler de la plante mère. On procède généralement à ce type d'intervention au printemps. Au bout de 20 ou 30 jours, les premières racines commenceront à se former au niveau de l'œil enterré et de nouveaux bourgeons apparaîtront.

Lorsque l'on pense que la nouvelle petite plante peut se suffire à elle-même, on l'isole de la plante-mère, en la coupant puis on la transplante toute seule pour obtenir un nouveau rosier.

PETITS CONSEILS UTILES

▌ Avant de mettre la bouture dans le terreau d'enracinement, éliminez la petite feuille de la base pour éviter que, en restant dans l'eau, elle ne fasse pourrir la base de la bouture.

▌ Si vous prélevez la bouture trop tôt par rapport à la plantation, recoupez la base un peu avant de la mettre dans le terreau, ou dans la solution hormonale de stimulation de la radication.

▌ Si le bourgeon apical est encore trop tendre ou vert, éliminez-le et gardez comme bouture que le morceau de la tige qui commence à se lignifier.

▌ Conservez les boutures dans un endroit où il fait doux, à l'ombre, et humidifiez-les en permanence. Placées individuellement dans des pots ou dans des caissettes, pulvérisez-les constamment avec de très fines gouttelettes d'eau, ou bien placez-les sous un tunnel miniature en plastique, soutenu par de petits piquets en bois ou par des arcades en fil de fer.

Les illustrations ci-dessus montrent les différentes phases de la multiplication par couchage

LES ENNEMIS DES ROSIERS

LES PARASITES VÉGÉTAUX

Il est certain que le groupe des maladies provoquées par des champignons est l'un des ennemis les plus redoutables des rosiers, surtout parce qu'ils gâchent leur beauté qui, pour les plantes ornementales dont la rose est l'une des plus grandes représentantes, est fondamentale. Nous sommes nombreux à avoir vu lentement dépérir des rosiers d'une année sur l'autre, perdant leurs feuilles et considérablement affaiblis par des attaques de champignons.

L'OÏDIUM OU BLANC

Il se manifeste par la présence d'une légère moisissure blanchâtre à la surface des jeunes feuilles et des petites branches. Le nom scientifique de ce champignon est *Sphaerotheca pannosa*, var. *rosae*. Il fait son apparition surtout au printemps et, si l'on n'intervient pas, il dure tout l'été. L'oïdium touche surtout les jeunes bourgeons affaiblissant leur capacité de photosynthèse, bloquant le développement de nouvelles feuilles et l'ouverture des boutons qui sont blanchâtres et déformés. La température idéale pour qu'il se développe est de 20 °C, dans un milieu où le taux d'humidité est élevé. Contre ce type de moisissure on utilise des produits à base de soufre, ou bien des fongicides génériques, également efficaces contre les autres maladies fongiques du rosier.

LA TAVELURE (*DIPLOCARPON ROSAE*, *MARSSONINA ROSAE*)

Les symptômes principaux sont de petites taches brun noirâtre, aux contours irréguliers sur la face supérieure des feuilles. Si l'on n'intervient pas à temps, la maladie provoque la défoliation complète de la plante pendant l'été et donc une absence de floraison entraînant un dommage esthétique considérable. Dans le cas de la tavelure, le climat pluvieux et les températures élevées favorisent également et aggravent la maladie. Des produits fongicides à base de cuivre, surtout efficaces comme traitements préventifs, ont une certaine efficacité. Une bonne prévention consiste à éliminer tous les résidus végétaux de la floraison précédente, à respecter une distance suffisante lors de la plantation afin de permettre que l'air circule suffisamment. Les rosiers les plus résistants à la tavelure sont les espèces *rugosa*, *polyantha* et les rosiers issus de croisements entre ces deux espèces.

LE BOTRYTIS CENDRÉ OU POURRITURE DES FLEURS

Appelée aussi « moisissure grise », c'est l'une des maladies fongiques les plus redoutées des pépiniéristes. Les conditions d'humidité au moment du printemps font partie des facteurs les plus favorables pour que la maladie se développe. Il n'est pas nécessaire qu'il fasse chaud. Les symptômes sont caractérisés par la présence de tissus très minces, faibles et marescents qui, en phase finale, se cou-

vrent d'une sorte de feutre gris noirâtre, formé par les spores de la moisissure. Les produits spécifiques contre le *Botrytis* sont à base d'hyprodione.

LE CHANCRE DE LA ROSE

C'est un champignon (*Coniothyrium fuckelii*) qui provoque le dessèchement des branches des rosiers. Les premiers symptômes sont la présence de traits bruns sur les branches, soit au sommet, soit près du collet du rosier. Si l'on coupe les branches, on remarque que l'intérieur des vaisseaux est noirci. Le champignon pénètre surtout par les blessures, qu'elles soient accidentelles, de petites dimensions, ou provoquées par la taille, ou encore causées par les gerçures dues au gel. Les produits efficaces de prévention et de soin sont à base de cuivre, et en particulier d'oxychlorure. Un autre principe actif très efficace est le phoséthyl d'alumine qui, outre une action fongicide directe, stimule la plante pour qu'elle produise des substances naturelles de défense contre les champignons, connues sous le nom de phytoalexines. On peut mélanger ce produit avec du cuivre ; il existe dans le commerce des préparations qui contiennent déjà les deux principes actifs en proportions efficaces. Les traitements fongiques avec des produits à base de cuivre doivent être effectués en période de repos ou lorsqu'il ne fait pas trop chaud, car avec le soleil et les températures douces le cuivre peut abîmer les tissus végétaux et s'avérer phytotoxique.

LA LUTTE BIOLOGIQUE

Le développement des maladies et la prolifération des insectes sur les plants de rosiers entraînent des dommages essentiellement esthétiques. D'autre part, les traitements chimiques sont nocifs pour notre santé et celle de nos enfants et pour notre environnement. Il faut, de plus, faire très attention en manipulant ces produits. Voici quelques conseils :

❚ Traitez chimiquement seulement si la maladie ou les insectes se développent trop rapidement et si des conditions climatiques favorables à leur invasion se prolongent.

❚ Si votre jardin ou votre terrasse sont très petits, ôtez manuellement les parties malades.

❚ Si vous décidez de traiter, n'utilisez que des produits peu toxiques, classés parmi les « irritants » ou les « nocifs ». Préférez, par ailleurs, les produits conditionnés en petites doses, dont on ne se sert que pour un traitement, afin d'éviter de garder chez vous des produits dangereux, ouverts, qu'il est toujours difficile de conserver dans de bonnes conditions.

❚ Informez-vous des possibilités offertes par la lutte biologique. Malheureusement, même si la recherche dans le secteur de la lutte biologique a fait des pas de géant, il n'est pas encore possible, pour l'instant, d'intervenir biologiquement contre toutes les maladies, surtout lorsqu'il s'agit de maladies fongiques. En ce qui concerne le rosier, heureusement, il est possible d'utiliser une solution contre les aphidiens : on utilise les larves d'un insecte faisant partie des coccinellidés et plus précisément de *Harmonia axyridis*. Figurez-vous qu'une larve adulte est vorace au point de dévorer jusqu'à 100 aphidiens par jour ! À l'aide d'un petit pinceau on répartit les larves sur les feuilles en faisant attention d'en mettre plus aux endroits où il y a de très nombreux aphidiens. Les limites de la lutte biologique sont essentiellement au nombre de deux : il faut que l'infestation de la part des aphidiens soit importante et l'utilisation d'un produit biologique est plus délicate et exige plus d'attention qu'un traitement chimique non pas en raison de la dangerosité, mais de la délicatesse avec laquelle il faut agir puisque ce sont des êtres vivants.

Il vaut mieux prévenir que guérir ! Un rosier bien nourri, bien arrosé, correctement taillé et nettoyé, avec un feuillage allégé, bien aéré, avec suffisamment d'espace pour qu'il puisse se développer, sera davantage en mesure de réagir à des attaques de champignons ou d'insectes par rapport à un rosier mal soigné. Nous vous conseillons de rester attentifs aux excès d'eau et d'éviter de baigner les plantes le soir.

LES INSECTES

LA CICADELLE DU ROSIER (*TYPHLOCYBA ROSAE*)

C'est un minuscule insecte de la famille des Cicadellidés, d'une couleur entre le blanc légèrement jaune et le vert pâle. Les dommages sont provoqués par les piqûres que l'insecte occasionne avec son appareil buccal. À ces endroits apparaît alors une décoloration ponctuelle sur la feuille. La feuille ressemble à une lame vert clair avec des petits points. La cicadelle se reproduit deux fois par an. Les symptômes les plus visibles correspondent au printemps et à l'été. Larves et adultes de la cicadelle se localisent surtout sur la face inférieure des feuille. On peut lutter contre cet insecte en utilisant des produits à base de pyrèthre qui est un insecticide d'origine naturelle, ou de pyréthrine qui est un dérivé synthétique du pyrèthre.

L'APHIDIEN DU ROSIER (*MACROSIPHUM ROSAE*)

Plus connu sous le nom de « pou du rosier », de couleur vert clair ou rose, cet insecte ne mesure que quelques millimètres. Il est facile de l'observer sur les jeunes et tendres boutons, dont il recouvre pratiquement toute la surface. Il se nourrit de la sève de la plante et provoque des déformations des jeunes feuilles et des boutons, en en empêchant, parfois, l'ouverture et en en bloquant la croissance. Les produits à base de pyrèthre sont également efficaces contre les aphidiens.

Un autre symptôme secondaire toujours provoqué par la présence d'insectes sur les roses est le développement de « fumagines », qui se présentent sous la forme d'une croûte noire recouvrant la partie supérieure des feuilles. Les aphidiens rejettent des déchets sucrés, que l'on appelle « miellat », produits dérivés de la transformation de la sève ingérée. Sur ces résidus se développent des moisissures noirâtres : les fumagines, justement, qui ne provoquent pas d'autres dommages, si ce n'est un préjudice esthétique. Ces moisissures, en effet, ne se développent qu'à la surface des feuilles, mais il vaut mieux les éliminer.

Les produits les plus efficaces sont des bains à base de tensio-actifs ou de savons qui vont dissoudre ces formations fongiques.